IN EUROPE

75일간 유럽의 보통 사람들을 만나고 그리다

손그림 여행
IN EUROPE

김소영 지음

효형출판

PROLOGUE

여섯 살 여름, 나는 오빠와 사촌들과 함께 수영장에 다녔다. 한번은 돌아가는 셔틀 버스를 놓쳐버려서 우리는 3킬로미터 정도 떨어진 집까지 걸어가기로 했다. 거리는 곧 어두워졌고, 걸을 때마다 바닥에 고인 흙탕물이 다리에 튀었다. 어른 한 명 없이 어린이 넷이서 부산의 밤거리를 헤매던 그날, 막내였던 나는 처음 느껴보는 모험의 흥분으로 상기되어 있었다. 늦은 밤 무사히 집에 도착했을 때 부모님은 놀란 가슴을 쓸어내리셨지만, 나는 마치 아주 대단한 경험이라도 한 것 같은 기분이었다.

그 일은 내가 '모험심'을 느꼈던 최초의 순간이다. 그때부터 나는 가보지 않은 길을 홀로 걸으며 공상에 잠기는 것을 좋아하게 되었다. 그리고 이는 언젠가 미지의 세계를 두 발로 누비겠다는 꿈으로 자랐다. 대학을 졸업하고 임용 고시를 준비하면서도 늘 여행을 갈망했다. 학교 도서관 위를 지나가는 비행기를 볼 때마다 '교사가 되면 방학 때마다 세계 여행을 다니겠다'는 꿈을 상기하며 열심히 공부했지만, 시험 당일 어처구니없는 답안지 마킹 실수로 고배를 마셔야 했다. 그때부터 신경쇠약과 우울증에 시달리던 나는 시험을 중도 포기하게 되었고, 집에 틀어박혀 울고만 있던 나에게 가족들은 여행을 권유했다.

스물여섯 살 늦여름, 6개월의 준비 끝에 드디어 처음으로 유럽 땅을 밟았다. 그동안 공부했던 서양미술사를 테마로 정하고 예술가들의 발자취를 따라 걸었다. 유럽의 자연을 만끽하기 위해 육로와 해로만을 이용했다. 올림포스 산을 보려고 이스탄불에서 16시간 동안 버스를 타고 아테네까지 갔고, 배를 타고 이오니아 해를 건너서 이탈리아에 닿았다. 관광용 2층 버스 대신에 두 다리로 구석구석 걸어 다녔다. 이탈리아에서 가장 느린 레지오날레 열차는 이런 내 여행과 찰떡궁합이었다. 예술과 자연 외에도, 그곳에 사는 사람들의 삶이 궁금했기에 한 도시에 되도록 오래 머물며 그들을 바라보았다.

내가 한 일이라곤 약간의 용기를 내어 떠나온 것뿐인데, 여행은 내게 넘치도록 많은 선물을 주었다. 배낭의 짐을 줄이다 보면 지금 내 삶에서 가장 중요한 게 무엇인지 점점 또렷해졌다. 낯선 곳에서 스스로 길을 선택하고 책임졌던 순간들은 나를 진정한 내 삶의 주인공으로 거듭나게 했다.

여행에서 돌아온 후 내가 진짜로 하고 싶은 것이 무엇인지 돌아보았다. 학창 시절에 선생님과 친구들을 그리고 보여주면서 기뻐하던, 거리나 지하철을 지날 때마다 오고 가는 사람들을 그리고 싶은 열망에 사로잡히던 내 모습이 떠올랐다. 사람들을 그리는 것! 여행이 내게 준 마지막 선물은 잊고 있었던 나의 꿈을 되찾아준 것이었다.

유럽 여행을 다녀온 후, 나는 또 다른 여행길에 올라 있었다. 아를의 별을 바라보며 그림 도구를 끼고 걸었던 고흐처럼, 나는 새로운 꿈을 가슴에 품고 발을 내

딛기 시작했다. 『손그림 여행 in Europe』은 수줍고 서툰 그 첫걸음이다. 부족한 글과 그림이지만 여러분의 상상력으로 내가 만난 사람들의 아름다움을 발견해준다면 더없이 기쁠 것이다.

오랜 작업이 끝난 내 책상 위에는 여전히 세계 지도가 붙어 있다. 또 어딘가에서 길을 걸으며 새로운 사람들을 만날 생각에 다시 설레기 시작한다.

2015년 5월

김소영

TURKEY

ISTANBUL

시간을 품은 아야소피아의
성실한 청소부

Ayasofya

조그만 사진으로만 보던 아야소피아에
드디어 도착했을 때
그 에너지에 압도되어 입을 다물지 못했다.
눈앞의 장면이 아무래도 꿈만 같아
성당의 분홍색 외벽에 다가가 가만히 손을 대니
응축된 시간과 이야기가 살갗으로 전해져 온다.

사람들은 연신 감탄하며 셔터를 눌러댔고
짧은 소란을 남기고는 분주히 발걸음을 옮겼다.

인파가 빠지고 눈에 띈 한 사람.
성당의 아름다움에 홀로 무심해 보였던 사람이
성당의 아름다움을 묵묵히 지켜내고 있었다.

성당 한구석에서의 휴식

Ayasofya

세계에서 모여든 관광객들로 가득한 성당에서
오히려 눈길이 갔던 이스탄불의 젊은 여인들.

그들은 이 성당에서 무엇을 보았을까?

그들은 왜
갈라타 다리의 낚시꾼이 되었나

Galata Köprüsü

갈라타 다리 위에 줄줄이 늘어선 낚시꾼들은
골든 혼Golden Horn에 드리운 낚싯대만 뚫어져라 쳐다볼 뿐
호의를 기대하며 서성이는 관광객들에게 유달리 무뚝뚝했다.

경기가 안 좋을수록 다리를 찾는 낚시꾼들이 늘어난다는 걸,
그들 대부분이 실직자라는 걸 스쳐 가는 사람이 알 리 없으니까.

귈하네의 이발소로 오세요

Gülhane

시르케지Sirkeci 역 근처를 거닐다
작고 낡은 이발소 앞에 멈춰 섰다.
멀찍이 서 기웃거리고 있으니
주인 아저씨가 들어오라며 손짓한다.

나는 살금살금 들어가 조심스레 사진을 찍고
아저씨는 아무렇지 않은 듯 이발에 몰두하고
머리를 맡긴 채 옴짝달싹 못하던 청년은
그저 가만히 웃어 보인다.

그들의 평범한 일상이 순간 반짝 빛났다.

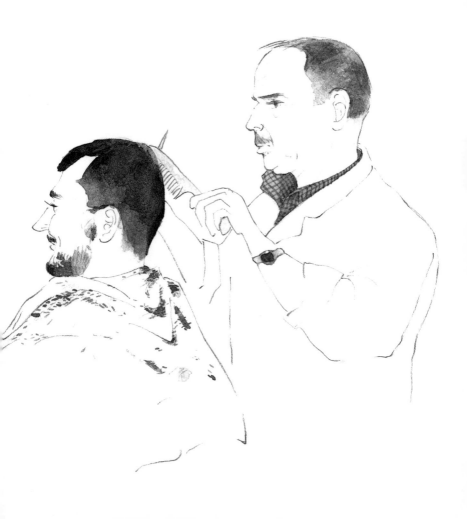

비밀의 사원,
뤼스템 파샤

Rüstem Paşa Camii

골목 사이로 솟은 이름 모를 모스크를 보고
박물관으로 향하던 발길을 즉흥적으로 돌렸다.

어지러운 골목 끝에서 마주한 신비로운 사원에는
소란스러운 세상 너머 기도하는 사람들이 있었다.

여행자인 내가 할 수 있는 건
경건히 기도하는 뒷모습을 고요히 바라보다
그곳에 없었던 사람처럼 되돌아 나오는 것뿐.

나의 과거,
너의 미래

Çadırcılar Caddesi

단란하게 시장 골목을 걸어가는
엄마와 남매의 평범한 뒷모습이
내 어린 시절과 포개졌다.

엄마 손을 꼭 잡고 있는 너에게도
언젠가 홀로 세계를 여행할 날이 올 거야!

그랜드 바자르 밖에서 본
이스탄불의 민낯

Mahmutpaşa Yokuşu

상인들도 종종 길을 잃고 헤맬 정도로 큰 시장인
그랜드 바자르Grand Bazzar는 이스탄불 여행자의 필수 코스다.
사방에 널려 있는 기념품과
이방인을 꾀어보려 다가오는 호객꾼 때문에
정신을 바짝 차려야 했다.

겨우 출구를 찾아 빠져나와서야
꿈틀꿈틀 살아 움직이는 진짜 이스탄불을 만났다.
갓 구운 터키 전통 빵 시미트Simit를 파는 상인,
빈 페트병을 흔들며 음료를 팔던 할아버지,
커다란 눈을 굴려가며 장을 보는 히잡 두른 여인,
푸근한 미소를 날리던 찻잔 가게 아저씨….

골목을 메운 사람들이 내뿜는 일상의 활기는
지친 여행자의 발걸음도 가볍게 한다.

톱카프 궁전에서 만난 술탄

Topkapı Sarayı

창문 하나 없던 톱카프 궁전의 보물관은
오스만의 번쩍이는 보물을 구경하러 온 사람들로 북적였다.
꿉꿉한 공기를 피해 인파를 비집고 나오던 통로에서
어딘가 익숙한 그림들을 발견했다.
술탄은 크게, 신하는 작게 그리는 주대종소主大從小와
보는 사람을 중심으로 표현하는 역원근법까지
우리 옛 그림과 똑 닮았다.

좁은 통로를 드나드는 사람들과 어깨를 부딪쳐가며
다른 공간과 시대를 이어준 인연의 시작을 상상했다.

야옹야옹 반가워

İstiklâl Caddesi

고양이를 보면 그 지역 사람들의 성격까지 알 수 있다.
낯선 사람을 경계하는 우리나라 고양이만 봐온 나는
고양이는 원래 그런 동물인 줄만 알았다.
그런데 이스탄불에서 만난 고양이들은
거리낌 없이 사람들과 어울리는 것이었다.
이방인에게도 마음의 문을 활짝 열어주는
이스탄불 사람들과 꼭 닮아 있었다.

이스티클랄 거리의
톰 소여와 허클베리 핀

İstiklâl Caddesi

이스티클랄 거리를 오가는 빨간 구식 전차를 기다리다
열차 뒤꽁무니에 매달린 짓궂은 소년들을 만났다.
사람들이 쳐다볼수록 소년들은 의기양양해질 따름이고
차장 아저씨의 내려오라는 호통도 통하지 않는다.

열차가 잠시 멈춰 정거장에서 승객들을 맞는 사이
소년들은 잽싸게 전차 안으로 올라타버리고,
갑자기 웬 백발의 할아버지가 민첩한 몸놀림으로
다시 전차의 뒤꽁무니에 매달리는 것이 아닌가.

잠시 후 전차에서 내려선 할아버지는
소년들 중 대장인 듯한 아이와 악수를 나눴다.
나이를 뛰어넘은 우정이 이루어지는 순간이다.

"자네, 아주 멋졌어."
"할아버지가 한 수 위시죠."

나의 길을 찾아서

İstiklâl Caddesi

둘둘 만 담요 한 장과 배낭을 짊어진 여행자는
방향을 잡지 못하는 듯 두리번대고 있다.
그는 어디로 가려는 것일까?
우리는 모두 어디로 가고 있는 걸까?

생의 한가운데

İstiklâl Caddesi

다리가 하나뿐인 남자의 아코디언 연주가
거리에 울려 퍼진다.

그가 뿜어내는
열정,
의지,
그리고 사랑은
이스티클랄 거리를 오가는 사람들에게
분명히 가닿을 것이다.

술탄아흐메트의 하얀 밤

Sultanahmet

모스크 위로 초승달이 뜬 밤,
아야소피아 앞에서 작은 세마Sema 춤 공연이 열렸다.
터키 전통 악기의 신비로운 선율과 아저씨의 노랫소리에
두 손을 모으고 서 있던 춤꾼은 제자리에서 빙글빙글 돌기 시작했다.
하늘로 뻗은 춤꾼의 두 손에서 서서히 봉오리가 피어오르더니
하얀 하의가 천천히 꽃잎처럼 부풀었다.

보이지 않는 꽃향기에 스르르 취하듯
낯설고 어색하기만 했던 이국의 밤에 점점 젖어 들었다.

GREECE

ATHENS

고대 아테네가 살아 숨 쉬는
아드리아누 거리

Adrianou

하얗고 둥근 달이 떠오른 어스름한 여름 저녁,
소크라테스와 플라톤이 거닐었을 아고라 옆에서
한 아저씨가 테라코타를 내놓고 판다.

흙으로 빚은 얼굴에서조차
철학적 고뇌가 가득 느껴지는 여기는 아테네!

심드렁한 할머니

Adrianou

"이런 풍선 따위에
시선을 빼앗길 나이는 한참 지났다우."

역사의 조각이 머무는 곳,
아크로폴리스

Acropolis

이글거리는 태양을 등진 가장 느린 탐험가는
눈부신 모래를 밟으며 아크로폴리스를 오른다.

한때 위풍당당한 신전의 일부였을 잔해들은
영광을 뒤로한 채 잡초 사이를 나뒹굴고 있고,
무상한 세월의 흔적을 따라 마침내 다다른
디오니소스 극장에서 고대 도시 아테네를 상상한다.

피레우스 앞바다에서 불어오는 바람을 맞으며
춤과 연극을 즐기던 아테네 사람들.
우리가 멀티플렉스 영화관에서 누리는 즐거움을
그들은 디오니소스 극장에서 이미 만끽했을 것이다.

아테네를 만든 주인공들은 하나둘 사라졌지만
역사를 더듬는 사람들로 오늘도 빈자리는 채워진다.

파르테논 신전이 맺어준 인연

Acropolis

여행은 서로 다른 곳에서 전혀 다른 삶을 살던 사람들이
우연히 만나고 또 헤어지는 신비로운 여정이기도 하다.
알 수 없는 '인연'이 만들어낸 놀라운 순간들이 내게도 있다.

아테네에 도착한 첫날 저녁,
하얀 달빛 아래 우뚝 솟은 파르테논 신전을 보고 있는데
까무잡잡한 아저씨가 다가와 사진 촬영을 부탁했었다.
그리고 다음 날 파르테논 신전 옆 식수대에서 물을 받고 있을 때
누군가 내게 말을 걸었다.
"그 물, 먹을 수 있는 거요?"
우리는 서로를 알아보고는 깜짝 놀랐다.

그와의 인연은 여기서 끝나지 않았다.

그리스 국기가 펄럭이는 전망대에서 또 마주친 것이다.

우리는 에레크테이온Erechtheion 신전을 함께 돌아보고는

아크로폴리스 공원의 노천 식당으로 들어갔다.

인도인 자야 아저씨는 가족과 함께 캐나다에 살고 있다는데

내가 인도에 관심을 보이자

자신은 무질서한 인도를 별로 좋아하지 않는다며 인상을 찌푸렸다.

그의 짙은 피부와 대비되는 하얀 티셔츠에는 '벤쿠버'라고 쓰여 있었다.

낯선 이에게 오히려 솔직해질 때가 있는 법.
무슨 용기가 났는지 나도 모르게 내 얘기를 털어놓자
아저씨는 오래된 친구처럼 고개를 끄덕이며 들어주었다.
비록 우리는 서로를 잘 모르고, 나이도 국적도 다르지만
어느새 마음을 터놓고 비밀을 나눈 친구가 되었다.

구시가지 플라카에 흐르는
부주키 선율

Plaka

인적 드문 길을 바짝 긴장한 채 지날 때마다
골목 끝에서 악사들이 튀어나오곤 했다.

언제 어디서나 마음을 녹여주는 연주와
이방인에게 보내는 따뜻한 눈인사 덕분에
종종대던 발걸음은 자연히 느려졌다.

아크로폴리스 언덕 아래에서 만난
아코디언 소년, 소녀 I

Dionysiou Areopagitou

오래된 건축물과 흐드러지게 핀 꽃을 실컷 구경하며
유유히 아크로폴리스 공원을 걷던 오후,
내 앞에 아코디언을 연주하는 소년이 나타났다.

소년은 내게 아픈 눈을 내밀어 보였고,
나는 소년 앞에 놓인 깡통에 동전을 넣어주었다.
그러자 소년은 뒤집은 눈꺼풀을 풀곤 장난스레 웃는다.
그 모습이 어찌 미울 수 있겠는가.
소년의 미소에 오히려 안도했다.

아크로폴리스 언덕 아래에서 만난
아코디언 소년, 소녀 II

Dionysiou Areopagitou

아코디언을 연주하던 또 다른 아이.

소녀의 연주 실력은 아까 본 소년보다는 조금 나았다.

소녀에게 동전을 건네며

이번엔 "Good!" 하고 속삭였다.

수줍어하던 소녀의 눈망울이 호기심으로 반짝였다.

내가 주고 싶었던 것은

단지 동전만은 아니었는데

소녀도 내 마음을 알아챘을까?

바닷가 정류장,
바티스 역 풍경

Batis

해변을 달리는 트램이 있다는 얘기를 듣고
아테네를 떠나기 전 트램을 타러 갔다.

도시 외곽을 지나던 트램은 어느새
석양이 지는 바다를 배경으로 달리기 시작했다.
나는 가까운 역에서 무작정 내려 바닷가로 나갔다.
노인들은 바다에 몸을 담근 채 고개만 쏙 내밀고 있었고
다음을 기약할 수 없는 여행자는
아테네의 석양을 오래도록 바라보았다.
태양이 수면 아래로 사라지자
붉게 물든 바다 위로 사람들 얼굴만 공처럼 둥둥 떠 있었다.

다시 역으로 돌아와 트램을 기다린다.
둥글둥글한 몸매의 아주머니들은 느긋이 앉아 있고
엉덩이가 큰 여자는 느린 걸음으로 지나간다.
급할 것 하나 없는 아테네에서의 마지막 저녁.

ITALY
NAPOLI

웬만해선
그녀를 막을 수 없다

Bari — Napoli

바리 항구에서 나폴리로 가는 버스 안.
나는 자리 운이 그다지 좋지 못했다.
옆에 앉은 이탈리아 아주머니는 믿을 수 없을 정도로 말이 많았다.

"전 이탈리아어 몰라요."
이 말도 소용없었다.
아주머니도 영어를 할 줄 몰랐다.
알아듣거나 말거나 수다는 계속되었고
배를 타고 국경을 넘어오느라 매우 피곤했던 나는
결국 비장의 무기를 쓸 수밖에 없었다.
헤드폰 끼고 잠든 척하기.

수다쟁이 아주머니는 매의 눈으로 새로운 말벗을 찾아냈다.

건너편 할머니도 그때는 미처 모르셨을 것이다.

나폴리에 도착하는 3시간 40분 동안 그녀의 수다가 이어지리란 걸!

인사 한번 하고 가실게요

Via Carbonara

나폴리에서 골목과 골목이 만나는 곳이면
누군가가 가져다 둔 테이블과 의자가 있었다.
어디서 누구를 만나도
잠시 걸음을 멈추고 이야기를 나눌 수 있는 것이다.
역시 수다 떨기 좋아하는 이탈리아인답다.

"차오ciao!"
반가움을 흠뻑 녹여 경쾌하게 외치는
이탈리아인들의 인사 소리에는
듣는 사람을 기분 좋게 만드는 힘이 있다.

여행지에 깃든 일상

Via Sant'Antonio Abate

파란 하늘에 걸려 있는 색색의 빨래,
베란다에 나와 있는 자질구레한 살림살이,
양손 가득 장을 보고 집으로 돌아가는 아주머니.

길을 잃고 헤매다 우연히 만난 골목에서
나폴리의 진짜 삶을 본다.

아빠! 유벤투스가 이겼어요?
나폴리가 이겼어요?

Spacca Napoli

똑같은 운동화,
똑같은 헤어스타일,
신문을 들여다보고 있는 똑 닮은 뒷모습.
누가 봐도 영락없는 아빠와 아들.

꼭 붙잡은 손,
아빠의 어깨에 걸려 있는 어린이 가방을 보고
나도 모르게 미소가 번진다.

길모퉁이 할아버지의 오랜 벗

Spacca Napoli

길모퉁이에 홀로 앉아
지나가는 사람들을 바라보는 할아버지.
조금 고독해 보이는 그 모습이 눈에 밟혀서
다시 한 번 뒤를 돌아보다가
하늘색 양말 속에 숨겨둔 담배 한 갑을 발견했다.

아침 먹고 허전하면 한 개비,
점심 먹고 심심하면 한 개비,
저녁 먹고 쓸쓸하면 한 개비.

할아버지에게 담배는
말이 필요 없는 든든한 친구일지도.

일요일에도 춤을 추는
스파카 나폴리의 꼭두각시

Spacca Napoli

일요일의 스파카 나폴리는 한산했다.

문 닫힌 가게들을 무심히 지나다

음악에 맞춰 꼭두각시를 움직이는 아저씨를 보았다.

구경하는 사람 하나 없는데도

그는 무척 즐거워 보였다.

그 순간

홀로 여행한다는 것이

전혀 쓸쓸하지 않았다.

플레비시토 광장의 이방인

Piazza del Plebiscito

플레비시토 광장 한가운데에서
잡동사니가 담긴 유모차를 잡고
멍하니 어색하게 서 있던 흑인 청년.
들뜬 표정으로 광장을 오가는 사람들 틈에서
막막한 어깨를 한 그는 홀로 다른 세계에 있는 것 같았다.

물건을 강매하는 흑인들을 조심하라던데
사람들이 지나가도 강매는커녕
어쩔 줄 모르고 그저 자리만 지키고 있다.

장사가 처음인 걸까?
그는 어디서 왔을까?

여기도 사람 사는 곳

Circumvesuviana

치르쿰베수비아나라고 불리는 사철은
베수비오Vesuvio 산을 끼고 달린다.
나폴리에서 폼페이나 소렌토로 갈 때
많이 이용하는 열차다.

이 열차는 낡고 더러우며
소매치기나 부랑자가 많다는 부정적인 얘기를
인터넷에서 자주 본 터라 잔뜩 긴장하며 올라탔다.
그런데 막상 주위를 둘러보니 온통 평범한 사람뿐이다.
유모차를 끌고 나온 엄마,
스마트폰에 빠져 있는 아가씨,
옆에서 곁눈질하는 아줌마 같은.

소렌토행 사철 안의 악사

Circumvesuviana

소렌토로 가는 사철 안,
승객들의 얼굴에 표정이 없다.
사철과 철로가 빚어내는 굉음만 요란하게 울릴 뿐이다.

어느 정거장에서 악사 아저씨와 소년이 올라탔다.
아저씨는 아코디언을 연주하며 노래를 부르고
소년은 음악에 맞춰 젬베를 두드린다.

사철 안 사람들은 여전히 무표정하다.
사람들의 얼굴만 본다면
지금 이곳에 흥겨운 음악이 흐른다고는
누구도 상상할 수 없을 것이다.
무관심 속에서도 아저씨의 연주는 계속된다.

떠돌아다니며 한 푼 두 푼 버는 삶일 텐데
아저씨의 얼굴에 스친 충만한 기쁨을 나는 보았다.
사철 안에서 행복한 표정을 짓던 유일한 사람.

당신은 두오모를 보았습니까?

Amalfi

아말피 마을 광장 앞에는
다양한 양식이 혼합된 독특한 두오모가 있다.
관광객들은 모두 똑같은 자세로 서서
카메라 셔터를 눌러대다가 곧 떠난다.

그리고 집으로 돌아가 이렇게 말할 것이다.
"아말피의 두오모를 봤어. 무척 아름답더군."

그런데 그들은
지금도 두오모를 기억하고 있을까?

나폴리가 위험한 이유

Via Salvator Rosa

일주일 동안 나폴리를 여행하면서 나는 깨달았다.
나폴리에서 조심해야 할 것은 마피아나 강도가 아니다.
바로 거리를 질주하는 오토바이족이다.

이들은 보통 두 명씩 짝을 지어 활동하는데
파란불에도 달리고 빨간불에도 달린다.
사람이 지나가든 말든 신경 쓰지 않고 돌진한다.
질주하는 와중에도 손짓까지 해가며
결코 수다를 멈추지 않는 것이 특징이다.

나폴리에서 오토바이족을 만나면
횡단보도는 무용지물이다.
보행자의 권리는 미련 없이 포기하고
일단 얼른 물러서는 게 상책!

이런 거지, 저런 거지

Via Toledo

커다란 개 옆에서 신문을 읽는 남자.
앞에 놓인 동전 바구니가 없었다면
나 같은 이방인은 그가 거지인 줄 몰랐을 것이다.

유럽에서는 거지도 직업인가 싶을 정도로
그들은 떳떳해 보였고,
불쌍한 표정을 짓거나 굽실대지도 않았다.

가장 인상적인 거지는 파리에서 만났다.
긴 막대기에 실로 종이컵을 연결해두고
사람들이 지나가면 막대기를 흔들었다.
이게 구걸인가 놀이인가?

행복이란 이런 것

Via Toledo

목마와 함께
목말 탄
행복한 꼬마.

ITALY
———
ROME

산 피에트로 인 빈콜리 성당에서
만난 노부부

Basilica di San Pietro in Vincoli

미켈란젤로가 조각한 모세상이 있는 성당에서
감사 기도를 드리고 나왔을 때,
자그마한 몸집에 단정하게 외출복을 차려입은
노부부가 눈에 들어왔다.

공허한 눈빛으로 고개를 떨군 할아버지의 손을
할머니는 말없이 꼭 잡았다.
그들에게 어떤 상황이 닥친 건지 알 수는 없지만
할머니는 할아버지를 완전히 이해하는 것처럼 보였다.

노부부는 함께 걸었다.
길 끝으로 노부부가 사라질 때까지
나는 한참을 몰래 바라보았다.
할머니는 할아버지의 손을 끝까지 놓지 않았다.

포리 임페리알리 거리에서
공중 부양하는 남자

Via dei Fori Imperiali

로마에 도착한 지 나흘째인데
지독한 감기에 걸려 여정이 엉망이 되었다.

인상을 구긴 채로 터덜터덜 걷는 내 앞에
두 눈을 의심하게 만드는 광경이 펼쳐졌다.
웬 사내가 공중에 떠 있는 것이다.
뭔가 속임수가 있는 것 같기는 한데
어떻게 저리 편안한 얼굴로 공중 부양 중인지
당최 알 수가 없다.
주위를 둘러보니 나만 궁금한 게 아닌가 보다.
구경꾼이 몰려들기 시작한다.

즐거워하는 사람들 틈에서 함께 웃다 보니
한없이 처져 있던 내 마음도 붕 떠오른다.

여행지에서 아프면 서러움은 배가 되지만
낯선 사람들과 나누는 미소 한 번이면
금방 또 이렇게 힘이 난다.

콘도티 거리의 빛나는 밤

Via dei Condotti

명품 매장이 즐비한 콘도티 거리는

밤이면 눈부신 불빛으로 사람들을 유혹한다.

화려하고 멋진 풍경에 취해 도착한 거리의 끝에서

군밤을 팔며 생계를 꾸려가는 아저씨를 만났다.

명품 매장의 불빛에 지지 않는 자신만의 조명등을 켜고서.

콜로세움 광장에서
사과 먹는 가족

Piazza del Colosseo

콜로세움 앞을 지나는데
엄마, 아빠, 아들, 딸이 난간에 쪼르르 걸터앉아
빨간 사과를 하나씩 들고 베어 먹고 있었다.
그 모습이 보기 좋아서
몰래 사진을 찍으려고 셔터를 누르는 순간,
그만 아빠에게 들켜버렸다.
사진 속 그는 카메라 렌즈를 정면으로 노려보고 있었다.
민망해진 나는 괜히 카메라를 이리저리 움직여가며
콜로세움 주변의 모든 것을 찍기 시작했다.

이쯤이면 됐다 싶어 돌아보았더니
그는 여전히 나를 노려보고 있다!
아… 진땀 난다.

로마의 교통 관리원이 하는 일

Piazza del Colosseo

"미안해요. 나는 영어를 잘 못해요.
그러나 우리는 로마에 있지요.
보시다시피 제 직업은 교통 관리원입니다.
나는 여기저기에 서 있고 모든 것들을 봐요.
난 삶을 봤죠.
이 도시에선 많은 이야기들이 태어났어요."

_ 우디 앨런의 영화 〈로마 위드 러브To Rome with Love〉 중에서

달콤한 인생La dolce vita

Giolitti

판테온 근처의 좁은 골목에는 초록색 간판의 젤라토 가게가 있다.
무려 1900년에 문을 열어 4대째 운영 중인 곳이라기에
기대를 단단히 하고 찾아갔다.
기대가 크면 실망도 큰 법이라지만
이곳의 젤라토는 정말로 기대 이상이었다.
나는 생크림을 얹은 젤라토를 먹으면서
가게의 장인에게 마음 깊이 감사했다.
유치하게도, 매일 여기서 젤라토를 먹으며 살고 싶다는
초등학생 같은 생각이 들 정도였으니까.
젤라토 하나에 사람이 이렇게 행복해질 수도 있는 것이다.

이탈리아인들은
인생을 즐길 줄 알기에 이렇게 맛있는 젤라토를 만들어내는 걸까?
아니면, 이렇게 맛있는 젤라토가 있기에 인생도 달콤해지는 걸까?

로마의 골목을 채우는 소리

Piazza Margana

성당에서 울려 퍼지는 종소리,
작은 분수에서 떨어지는 물방울 소리,
사이좋게 걸어가는 수녀들의 웃음소리.

오래된 로마의 골목에서 홀로 걷더라도
귀만 활짝 열어두면 심심할 틈이 없다.

포르타 포르테세 벼룩시장의
지도 애호가

Porta Portese

로마 최대의 벼룩시장인 포르타 포르테세에는
정말로 없는 것 빼고는 다 있었다.
사람들로 북적이는 다른 매대와 달리
지도를 파는 곳은 유난히 한적했다.
손님은 나와 할아버지 두 사람.
쉬지 않고 지나가는 인파 사이에서도
우리는 지도에서 눈길을 떼지 않았다.

할아버지도 나와 같은 꿈을 꾸고 있겠지?
여전히 미지의 세계를 누비고 싶은 그 꿈을.

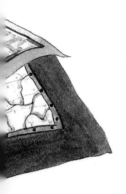

자니콜로 언덕이 아름다운 이유

Gianicolo

자니콜로 언덕에 오르니

파란 하늘에 걸린 뭉게구름과 아펜니니Appennini 산맥

그리고 빼곡히 들어찬 집들이 층을 이루며

그림 같은 장관을 만들어낸다.

그런데 이상하게도 로마의 경치보다

그것을 배경으로 난간에 걸터앉은 사람들이 더 마음에 들어온다.

같이 지도를 보고, 사진을 찍고, 도란도란 이야기를 나누는.

다정하지만 유난스럽지 않은.

투탕카멘 예술가와 소년

Piazza di Santa Maria in Trastevere

투탕카멘 가면을 쓰고
금색 천으로 온몸을 감싼 채
꼼짝도 하지 않고 서 있는 거리의 예술가.
조각처럼 굳어 있다가도
사람들이 다가와
깡통에 동전을 떨어뜨리면
천천히 허리를 숙여 인사를 한다.

한 소년이 그 앞에 서더니
눈싸움을 시작했다.
꿰뚫을 듯한 눈빛을 쏘며 미동도 않는다.
지나가던 아저씨는 예술가가 아닌
소년의 손에 동전을 쥐어 주었다.
아무래도 투탕카멘 예술가는
자리를 넘겨주어야 할 것 같다.

트라스테베레의 놀이터 풍경

Trastevere

영화 관람을 앞두고 놀이터에 들렀더니
일요일이라 그런지 동네 꼬마들이 여기 다 모인 것 같다.

아이들 노는 모습은 어딜 가도 같은데
엄마와 아빠가 함께 아이를 따라 나온 풍경은
우리와 무척 달랐다.

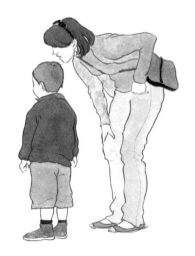

물론 어디로 튈지 모르는 아이를 돌보느라
정신없이 바쁜 엄마와 달리
넋 놓고 있거나 하품하는 아빠가 많았지만….
자고로 아빠란 늘 피곤해하는 사람이 아니던가.

바티칸에 평화를 가져다 준 남매

Musei Vaticani

비둘기가 푸드덕 날아올까 봐
빙 둘러 피해 다니는 어른들과 달리
아이들은 거리낌 없이 다가가
빵 부스러기를 뿌리며 논다.

바티칸 미술관에 마련된 커다란 정원,
피냐의 안뜰Cortile della Pigna에서 만난 헨젤과 그레텔.

시스티나 성당에서
지켜야 하는 것

Musei Vaticani

바티칸 미술관의 하이라이트는
미켈란젤로의 역작인 천장화
〈천지창조Genesis〉가 있는 시스티나 성당!

사진 촬영이 금지된 엄숙한 성당에서
관광객들은 플래시를 터뜨려가며 셔터를 눌러댔다.

'당신 카메라로 찍은 것보다
훨씬 잘 나온 〈천지창조〉가 책 속에 있을 거예요.
그러니 제발 여기에서는
두 눈으로 감상해보는 게 어때요?'

맨발의 청춘, 마씨모 아저씨

Via della Conciliazione

"한번 맨발로 걸어보는 게 어때요?"

갑자기 나타난 낯선 아저씨의 생뚱맞은 말에
멋쩍게 웃으며 가까운 가게로 피신해버렸다.
아저씨가 사라지길 기다리며 괜스레 물건을 뒤적이고 있는데
문득 이런 생각이 들었다.

'여기는 로마잖아. 나를 아는 사람도 없는데 뭐 어때?'

가게에서 나와 신발을 벗고 걸어보았다.
로마에서 별거 다 해본다 싶어서 혼자 웃고 있는데,
멀리서 나를 바라보고 있던 아저씨와 눈이 마주쳤다.

"양말도 벗어야 한다고요!
로마의 돌바닥을 제대로 느끼려면 맨발로 걸어야 해요."

마씨모 아저씨와의 인연은 이렇게 시작되었다.

평생을 로마에서 살았다는 아저씨가 알려준 소박한 식당에서

전통 음식 수플리Suppli와 데친 시금치 요리를 함께 즐겼다.

로마에서의 마지막 밤은

이미 다 돌아본 로마를 다시 맨발로 걸으며

반은 알아듣고, 반은 못 알아듣은

마씨모 아저씨의 로마 역사 강의와 함께했다.

로마는 첫인상도 좋았지만 '끝인상'은 더 좋다.

ITALY

SIENA

캄포 광장에서 날아온 메시지

Piazza del Campo

조개 모양의 캄포 광장을 뒤덮은
푸블리코 궁Palazzo Pubblico 그림자가 서서히 걷히면서
시에나의 아침이 시작된다.

광장 앞 레스토랑의 첫 손님은 퉁퉁한 할아버지.
자리에 앉자마자 라이트 콜라 한 잔을 주문해놓고는
스마트폰과 씨름하느라 아직 입도 대지 못하고 있다.

검지를 움직이는 속도가 무척이나 더디다.
그마저도 미간에 주름을 잡지 않으면 화면이 보이질 않아
한 글자도 제대로 쓸 수가 없다.
그렇게 썼다가 지우기를 반복하며
저 멀리 밀라노에 살고 있는 아들에게 보내는 메시지.

"아부지는 잘 잇따.
글자가 너무 작아서 보기 힘들군아!"

도시와 하나가 된
시에나 사람들

Siena

오래된 중세 도시의 흔적이 그대로 남아 있는 시에나.

붉은 벽돌로 가득한 골목에서 마주치는 시에나 사람들은

이 도시의 모습과 참 닮아 있다.

벽돌에서 그대로 따온 듯한 붉은 빛깔의 옷,

온몸에서 풍기는 고풍스러움.

머리부터 발끝까지 그야말로 시에나 그 자체다.

Piazza del Campo

Vicolo San Salvatore

Piazza del Duomo

할머니의 선물

Via Porta Giustizia

길을 잃은 나는
지팡이를 짚고 좁은 골목을 느릿느릿 내려가던
할머니 뒤를 무작정 따라갔다.

새로운 골목에 들어서니 중세 유럽이 펼쳐진다.
벽에는 말을 묶어두는 데 쓰였던 고리와
귀족들이 깃발을 매던 깃대가 녹이 슨 채 그대로 남아 있다.

시간이 멈춘 골목을 탐험하다 보니,
이곳으로 나를 이끈 할머니는 어느새 홀연히 사라지고 없다.
골목 끝에는 시에나 밖으로 이어지는 성문이 있었다.
성문 너머로 또 하나의 절경이 나를 맞는다.
토스카나의 아름다운 언덕을 보는 행운까지 할머니는 주고 가셨다.

ITALY

FIRENZE

회전목마가 돌고 있는 레푸블리카 광장에서는
거리의 악사들이 낭만을 연주하고 있었다.

베이스 연주자와 똑 닮은 그의 아들 녀석은
음악이 흘러나오는 내내
바이올린 케이스를 두드리며 리듬을 더했다.

레푸블리카 광장의
작은 로맨스

Piazza della Repubblica

엄마 심부름으로 CD를 사러 온 소녀에게
잠시 시선을 빼앗겼을 때만 빼고 말이다.
아무리 어려도 이탈리아 남자의 피는 속일 수가 없다.

브루넬레스키 vs 젤라토
최후의 승자는?

Cattedrale di Santa Maria del Fiore

금강산도 식후경,
피렌체 대성당은 '젤라토' 식후경!

천재 건축가 브루넬레스키가 설계한 돔도
초콜릿 맛 젤라토는 절대 못 이긴다.

베키오 다리와
사랑에 빠진 여인

Ponte Santa Trinita

이른 아침 아르노Arno 강을 가로질러
피티 궁전Palazzo Pitti으로 가는 길.

맞은편에서 건너오던 여인은
소녀처럼 난간에 폴짝 뛰어올라
베키오 다리Ponte Vecchio의 모습을 카메라에 담고
나는 그녀가 만든
사랑스러운 풍경을 마음에 담는다.

피렌체는 어떻게
자전거 도시가 되었나

Via dello Sprone

영화 〈냉정과 열정 사이〉의 준세이처럼
피렌체에는 자전거 타는 사람이 많았다.
골목에 세워둔 자전거와 정차대도 자주 눈에 띄었다.

피렌체의 좁고 긴 골목은 자동차로 다니기엔 좀 버겁지만
자전거를 타고 다니면 도시의 정취를 한껏 느낄 수 있다.

조금 불편하더라도 수백 년 된 건물에서 살아가고,
조금 느리더라도 넓은 차도를 내기보다는
자전거를 타는 쪽을 택하는 사람들.
아무리 대단한 문화와 예술이 흐르는 도시라도
그것을 지키려는 사려 깊은 노력이 없었다면,
우리는 준세이가 피렌체의 오래된 골목을 달리는
아름다운 풍경을 볼 수 없었을 것이다.

흑인 파리지앵 로렌스의 컨디션 난조로 인해
오늘 저녁은 다시 혼자만의 만찬이다.
나는 배낭을 뒤져 가장 단정한 옷을 꺼내 차려입고
어둠이 짙게 내려앉은 골목을 지나
유명한 리스토란테ristorante로 들어섰다.

웨이터가 추천해준 스테이크와 파스타, 와인을 주문한다.
제일 저렴한 방을 찾아 헤매는 가난한 배낭여행자지만,
지금 이 순간만큼은
〈먹고 기도하고 사랑하라〉의 줄리아 로버츠 못지않다.

완행의 속도로 즐기는 만찬,
지오반니 레스토랑

L'Osteria di Giovanni

이탈리아에서의 식사는

완행열차 레지오날레Regionale와 닮았다.

역마다 멈추며 느릿느릿 움직이는 레지오날레를 타면

차창 밖 시골 풍경을 느긋하게 즐길 수 있듯이

기분 좋은 간격으로 요리가 테이블에 놓이고

여유롭게 와인을 한 모금씩 음미하다 보면

온전한 나만의 시간이 완성된다.

피사에 패밀리가 떴다!

Piazza dei Miracoli

피렌체에서 기차를 타고 피사로 향했다.
피사는 한때 베네치아와 견줄 만한
강성한 해상 국가였고
문화유산도 피렌체만큼이나 많았지만,
제2차 세계대전 때 거의 파괴되어
지금은 기울어진 사탑으로만 명성을 유지하고 있다.

피사의 이곳저곳을 둘러보느라
정작 사탑에 올라갈 체력은 남아 있지 않았다.
하지만 사탑이 만들어주는 재미난 풍경을
구경하는 것만으로도 무척 즐거웠다.

특히 포토그래퍼 역할을 맡은 아빠의 요구에 맞춰

할아버지, 할머니, 엄마 그리고 손자까지

완벽한 조화를 이루며 사탑을 받치던 유쾌한 가족.

둘째 녀석의 익살스러운 포즈를 담기 위해

줄줄이 서서 기다리던 가족의 모습이

어찌나 사랑스럽던지!

베네치아에서
물 만난 남자들

Rio Terà Lista di Spagna

산타 루치아 역에 도착했을 때,
물의 도시 베네치아는 폭우로 날 반겼다.
다음 날 새벽, 사이렌 소리에 밖으로 나가 보니
밤새 내린 비로 도시는 물바다로 변했고,
물에 잠긴 거리를 대신해 설치된 임시 도로 위로
여행자들이 줄을 지어 조심스레 움직이고 있었다.

이런 물난리를 기대하며 베네치아에 온 사람은
아무도 없을 것이다.
여행자는 늘 낭만을 꿈꾸며 떠나기 마련이니까.
갑자기 뒤바뀐 도시의 풍경에
어떤 이는 즐거워했고 누군가는 짜증을 냈다.

할머니의 걸음을 살피는 할아버지와
아내에게 등을 내준 아저씨야말로
베네치아를 제대로 즐기는 여행자가 아닐까.

니들이 사탕 맛을 알어?

Campo Manin

마닌 광장의 청동 사자상 날개 위에 올라앉아
심각한 표정으로 막대 사탕을 빨던 동양인 소년.
베네치아보다는 우리 동네에 어울릴 법한 체육복과
어딘지 익숙한 얼굴에 시선을 빼앗겼다.

소년에게 지금 중요한 건
사탕, 오로지 사탕이다.
아무도 신경 쓰지 않고
우물우물 사탕을 굴리는 데에만 몰두하는
천진난만함이란!

대운하에 흐르는
베네치아의 낭만

Canal Grande

베네치아에 머무른 일주일 중
가장 화창했던 날.
비 오는 동안 묶여 있던 곤돌라의 뱃사공들은
물 만난 고기처럼 신이 나서 노를 저었다.

한밤의 상상

Calle Barcaroli

어둠이 내려앉은 베네치아는 별세계였다.

운하 곳곳에 걸린 노란 등이 켜지면
쇼윈도의 인형들은 불빛에 잠을 깬다.

신비로우면서도 어딘지 음울한
밤거리를 거닐고 있으면
수백 년 전 이곳을 지나다녔을
카사노바와 그의 연인들의 웃음소리가
들려올 것만 같았다.

ITALY

VERONA

Casa
di
Giulietta,
Verona.

줄리엣과 사랑에 빠진 로미오들

Casa di Giulietta

열여섯 살 겨울,
복도에서 연극부인 친구를 기다리다
얼떨결에 시인 역을 맡게 되었다.
나의 첫 대사와 함께
연극 〈로미오와 줄리엣〉의 막이 올랐다.

"아름다운 베로나에서…"

시간이 지나 다른 대사는 다 잊었지만
그 구절만은 내 마음 속에 살아남아
10년 후 나를 베로나로 이끌었다.

casa
di Giulietta.
Verona.

막상 도착한 '줄리엣의 집'은 관광객이 너무 많아
소설 속 로맨스를 떠올리기 어려웠다.

줄리엣 동상의 오른쪽 가슴을 만지면
사랑이 이루어진다는 엉뚱한 전설 탓에
줄리엣의 가슴만 애꿎게 축나고 있었다.

진정한 사랑은 남녀노소 모두의 꿈일 텐데
동상 앞에 남자들만 몰려든 건 왜일까나.

베로나의 우편배달부

Via Ponte di Pietra

노란 자전거를 탄 푸근한 인상의 아주머니가
좁은 골목길에서 달리다 서다를 반복한다.

그녀의 정체가 무엇인고 하니
바로 베로나의 우편배달부!

느릿느릿 도착하는 베로나의 편지에는
기다림의 미학이 가득 담겨 있다.

안녕, 반가운 당신

Via Adigetto

이탈리아 북쪽으로 올라갈수록
계절은 겨울과 가까워졌고,
나의 여정은 무르익어갔다.
무거운 가이드북은 치워버리고
발길 닿는 대로 베로나를 쏘다녔다.

정답게 인사를 나누는 이웃들의 풍경은
˙이방인의 마음에 온기를 전해주었다.
관광객이 들끓는 명소보다는
평범한 사람들의 일상이 녹아 있는
조용한 골목이 역시 더 반갑다.

아디제_{Adige} 강가의
눈치 빠른 갈매기

Piazza Bra

일찍 일어나는 새가 벌레를 잡는다더니
눈치 빠른 갈매기는 비둘기의 간식도 낚아챈다.

산타나스타시아 성당에서의
조금 특별한 오르간 연주

Sant'Anastasia

산타나스타시아 성당은
호스텔에서 시내로 가는 길목에 있어서 늘 지나다녔지만,
입장료까지 내고 들어간 것은 그날이 처음이었다.
웅장한 파이프 오르간 소리가 나를 강하게 이끌었다.

그런데 2층 파이프 오르간 앞에는 아무도 없었다.
소리는 계속 들리는데 희한한 일이었다.
사방을 둘러보다 연주 중인 할아버지를 발견했다.
거대한 파이프들과 오르간은 아주 멀리 떨어져 있었던 것이다.

나는 할아버지 뒤에 서서 한참 동안 구경했다.
몇 곡이 끝나도 내가 떠나질 않자,
할아버지가 "너도 쳐볼래?" 하며 말을 건넸다.
이 기회를 놓칠세라 오르간 앞에 냉큼 앉았다.

이윽고 수줍은 나의 연주가 오래된 성당에 울려 퍼지고
오르간 주위로 사람들이 하나둘 모여들었던,
베로나에서 일어난 영화 같은 순간.

FRANCE
Paris

마거릿 부부와 함께한
파리 여행의 시작

Versailles

베르사유로 가는 기차 안에서 미국인 마거릿 부부를 만났다.

맞은편에 앉아 있던 아주머니가 창밖을 찍다가

사진에 유리창에 비친 내 얼굴이 나왔다며 말을 걸어온 것이다.

벌써 파리에 몇 번이나 와봤다는 이 부부는

틈만 나면 세계 여러 도시를 여행한다고 했다.

부부 동반 여행이 흔한 일은 아니라 놀랍고도 부러웠다.

이스탄불부터 파리까지 두 달이 넘도록

혼자 여행 중이라는 내 얘기를 듣고,

부부는 오히려 놀라워하며 "Brave!" 하고 외쳤다.

우리는 서로 엄지손가락을 치켜세웠다.

여행을 좋아한다는 한 가지 공통점 때문에
베르사유에 도착할 때까지 대화가 끊이질 않았다.
짧은 만남에서 좋은 기운을 얻었다.
파리 여행도 시작부터 느낌이 좋다.

"Bon Voyage!"

퐁피두 센터로 가는
메트로 2호선 풍경

Métro Ligne 2 de Paris

순식간에 지나가는 메트로 역내 방송을 놓칠까
자리에 앉지도 못하고 귀를 쫑긋 세우고 있는데
보란 듯이 단잠에 빠져 있는 파리지앵 두 사람.

센 강변의
부퀴니스트_{Bouquiniste: 서적상}

Quai de Montebello

노트르담 대성당을 배경으로
오래된 책 가판대가
센_{Seine} 강둑을 따라 줄지어 있다.

청록색 가판대,
낡은 그림, 사진과 헌책,
누군가가 이미 보냈던 엽서들,
그리고 그 자리를
언제나 지키고 있는 할아버지까지.
온통 오래되고 낡은 것들로 가득하다.

생루이 섬의
「개를 데리고 다니는 부인」

Île Saint-Louis

노트르담 대성당으로 가는 길,
생루이 섬에서 만난
산책하는 할머니와 개 두 마리.

이 지역 사람들은 생루이 섬을
엄연히 파리와 독립된 곳이라고 생각해서
다리를 건널 때
"나 파리에 갑니다Je vais à Paris"라고 얘기한다.
그만큼 섬에 대한 애착과 자부심이 강한 그들은
파리지앵 못지않게 콧대가 높은 생루이지앵이다.

생루이지앵 노부인의 도도한 워킹을 방해한
검은 개의 귀여운 실수는 나만 본 걸로!

백문이 불여일견,
노트르담 대성당

Cathédrale Notre Dame de Paris

유럽에서 여러 성당에 가보았지만,
가장 큰 감동을 준 곳은 노트르담 대성당이다.

여기서는 대통령도, 거지도
모두 다를 바 없는 똑같은 존재다.
성당에 들어서니 나를 둘러싸고 있던 모든 껍데기가
한순간 사라지는 것 같은 기분이 들어 편안해졌다.
공간의 힘은 이토록 놀랍다.

까마득한 천장과 높이 솟은 뾰족한 기둥과 회랑,
햇살이 닿아 영롱하게 반짝이는 스테인드글라스와 장미창에서
수많은 사람들의 땀과 예술혼을 떠올리지 않을 수 없었다.
천 년의 세월 동안 얼마나 많은 이야기가 이곳을 스쳐 갔을까.

생각하는 사람들

Musée Rodin

로댕 미술관에는 선생님과 함께 온 아이들이 많았다.
바닥에 앉아 작품을 감상하고 이야기 나누는 모습,
조각상 〈생각하는 사람The Thinker〉 앞에 모여
저마다 다른 표정과 몸짓으로 사진을 찍는 장면은
그동안 공부해온 미술 교육을 다시 생각하게 했다.

아무리 똑같은 포즈로 사진을 찍어도
어쩔 수 없이 제각기 다른 모습이 나온다.
그런데 획일화된 정답만을 강조하고
하나의 기준으로 줄을 세우는 우리의 교육 환경에서
자신의 미래를 꿈꾸는 창조자가 나올 수 있을까?

"벌거벗고 바위에 앉아,
발은 밑에 모으고,
주먹은 입가에 대고,
그는 꿈을 꾼다.
이제 더 이상 그는 몽상가가 아니라
창조자가 되는 것이다."

_ 오귀스트 로댕

생미셸 역에서 들려온 노래

Saint-Michel Métro de Paris

"Be yourself no matter what they say.
(누가 뭐라 하든 자신을 지키세요.)"
"At night a candle's brighter than the sun.
(밤엔 촛불이 태양보다도 더 밝죠.)"

메트로 역 통로 끝에서 들려오는 익숙한 멜로디.
한 흑인 사내가 스팅의 명곡
〈Englishman in New York〉을 부르고 있었다.

사람들의 시선이나 선입견에 굴하지 않고
당당히 자기의 모습으로 살아가겠다는 가사가
마치 그의 이야기처럼 들려 큰 울림이 일었다.
마음속으로 힘껏 박수를 보냈다.
메트로 역의 가수 그리고 나에게도.

생미셸 대로의 헌책방 풍경

Boulevard Saint-Michel

시테 섬Ile de la Cité 남쪽의 생미셸 대로에는
헌책방과 음반 가게가 한 집 건너 하나.
영화 〈비포 선셋Before Sunset〉에 나와 유명해진,
헤밍웨이가 즐겨 찾던 서점
셰익스피어 앤 컴퍼니Shakespeare & Company도 있다.
수많은 문인과 철학자, 보헤미안 들이
이 거리에서 인생을 논하고 사랑을 꽃피웠다고 한다.

지금도 파리지앵들은 이곳에 들러
오래된 책들을 꼼꼼히 살펴보고 마음에 드는 것을 골라낸다.
파리지앵 틈에서 낡은 사진집과 예술 서적을 구경하다 보면,
어느새 어두워진 거리를 카페 불빛들이 밝히고 있었다.

파리를 여행하는 방법

Paris Métro

파리에서 메트로를 타면 하는
나만의 놀이가 있다.
역마다 내려서
메트로를 기다리는 파리지앵 훔쳐보기.
한가로운 여행자이기에 할 수 있는 일이다.
원래 쓸데없는 일이 더욱 재미난 법!

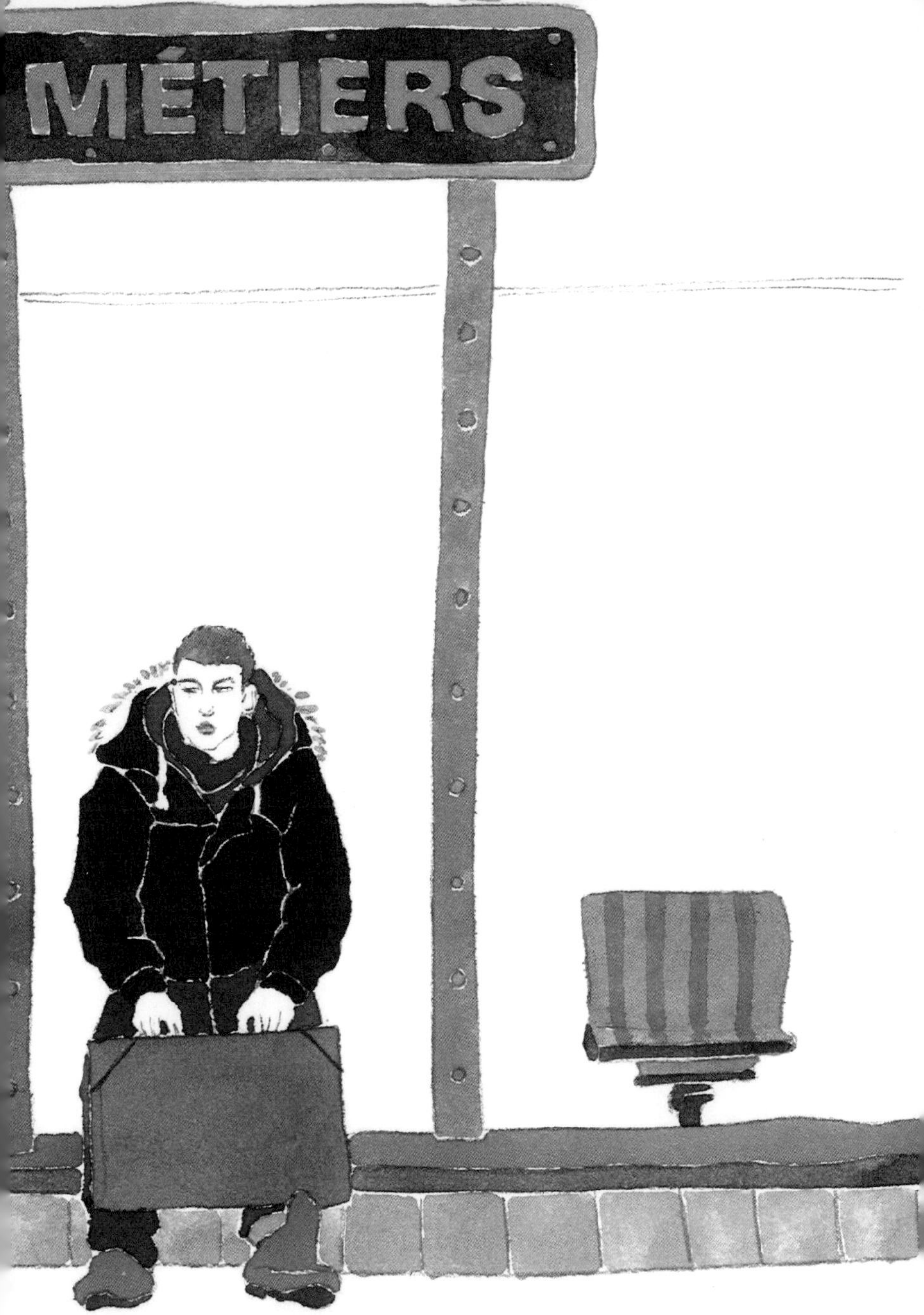
MÉTIERS

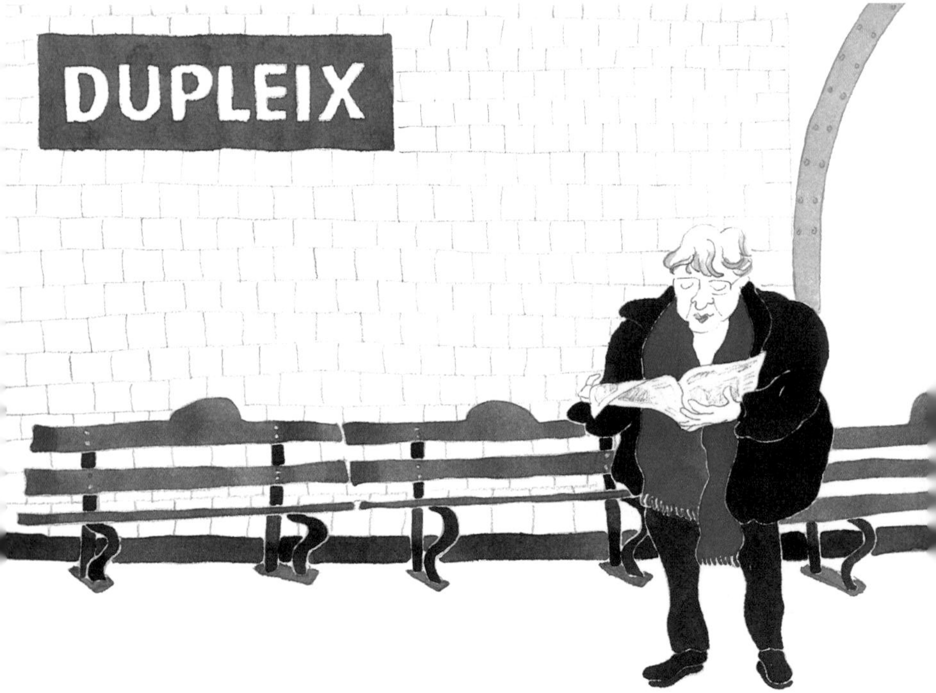
DUPLEIX

샤토됭 거리에서
길을 찾는 파리지앵

Rue de Châteaudun

파리에서 나는 정말 많이 걸었다.
카유보트Gustave Caillebotte가 그림으로 남긴
모스크바 거리Rue de Moscou를 걷고,
저 멀리 보이는 에펠탑을 따라 걷고,
에디트 피아프의 생가를 찾아 걷고 또 걸었다.

북역 관광 안내소에서 얻은 지도는 너덜너덜해졌고
웬만한 관광지 위치는 머릿속에 그려질 정도였다.

그걸 어떻게 알고는 사람들이 내게 길을 묻기 시작했다.
하지만 그래도 그렇지
어째서 파리지앵까지 내게 길을 묻는 것일까?
그나저나 다들 제대로 도착은 했을까?

도누 극장에 울려 퍼진
〈장밋빛 인생〉

Théâtre Daunou

졸업 전시회와 임용 고시를 앞두고
팍팍한 시간을 보내던 4학년 시절,
단비 같았던 프랑스어 교양 수업에서
샹송의 여왕 에디트 피아프를 만났다.
검은 드레스를 입은 조그만 여인은
음악에 영혼을 맡긴 듯 노래를 불렀다.

그녀의 삶을 무대로 옮긴 공연을 보기 위해
오래된 도누 극장을 찾았다.
관객은 대부분 머리가 하얗게 센 노인들이었다.
극이 클라이맥스에 다다르고,
〈장밋빛 인생La Vie En Rose〉이 흘러나오자
관객들은 추억에 잠긴 듯 노래를 따라 불렀다.

사랑 때문에 늘 상처 받으면서도
〈사랑의 찬가Hymne à L'amour〉를 불렀고,
험난하고 기구한 삶 속에서도
〈장밋빛 인생〉을 노래했던 에디트 피아프.
그녀의 의지는 아름다운 노래로 남아
여전히 우리의 마음을 울리고 있다.

몽톨롱 광장의 노부부

Square Montholon

유럽에서는 젊은 연인들은 말할 것도 없고
나이 지긋한 할아버지, 할머니도
자연스럽게 애정 표현을 한다.
손을 꼭 붙잡고, 머리를 쓰다듬으며
나란히 걷는 다정한 어르신 커플을 보면
마음에 잔잔한 울림이 번진다.
젊은 시절 뜨거운 연애도 좋지만
오래도록 지켜가는 사랑이 이제는 좀 더 부럽다.
수많은 계절을 함께 지나왔을 노부부.
같은 곳을 바라보고 있는 뒷모습이
더할 나위 없이 편안해 보인다.

세상 밖으로 나가니
사람들은 모두 따스했다.

Europe

Coloring

손그림 여행
IN EUROPE

1판 1쇄 발행 | 2015년 5월 25일
1판 2쇄 발행 | 2015년 7월 15일

지은이 김소영
펴낸이 송영만
디자인 자문 최웅림

펴낸곳 효형출판
출판등록 1994년 9월 16일 제406-2003-031호
주소 413-756 경기도 파주시 회동길 125-11(파주출판도시)
전자우편 info@hyohyung.co.kr
홈페이지 www.hyohyung.co.kr
전화 031 955 7600 | **팩스** 031 955 7610

ⓒ 김소영, 2015
ISBN 978-89-5872-137-6 03920

값 12,500원

이 도서의 국립중앙도서관 출판예정도서목록(CIP)은 서지정보유통지원시스템 홈페이지
(http://seoji.nl.go.kr)와 국가자료공동목록시스템(http://www.nl.go.kr/kolisnet)에서
이용하실 수 있습니다.(CIP제어번호: CIP2015012783)